AF388244

Ingrid Ursula Stockmann

Ich bin ein alter Esel

- Witzeleien, Gereimtheiten und Ungereimtheiten aus Halle (Saale) -

Illustrationen: Ingrid Ursula Stockmann

Ingrid Ursula Stockmann
- Ich bin ein alter Esel -

2. Auflage (12. April 2024)
ISBN 978-3-96692-120-6
©2024
Verlag & Gestaltung:
Stockwärter Verlag, Halle (Saale), Bernd Stockmann
Druck & Herstellung:
BoD - Books on Demand GmbH, Norderstedt

Vorwort

Der verschwundene Schwanz und der geheimnisvolle Eselsbrunnen mit seinen wechselnden Eseln haben Halle witziger werden lassen. Das regte nicht nur Hallenser an, sondern erheiterte auch Amerika. Nun ist das Original wieder auf seinem angestammten Platz; die Geschichten gehen jedoch in vielen Köpfen weiter. In meinem Kopf auf jeden Fall. Sogar auf Postkarten wurden die „Eseleien" verewigt. Unsere „Dichterfamilie", vertreten durch meine Mutter, Anni Margot Skorupa, meinen Sohn Bernd Stockmann und mich, schickte einige Eselgedichte an die Mitteldeutsche Zeitung, welche diese in spritziger Form aufgriff. Inzwischen hat sich mein Sohn Martin zu den Lyrikern hinzugesellt.

Als ich in einem interessanten Gespräch war und mein Gesprächspartner mich als störrisch bezeichnete, dachte ich an einen störrischen Esel und konnte nicht so ganz widersprechen. Das ist die Geburtsstunde für dieses Büchlein gewesen.

Auch unser Händeldenkmal sorgte bereits für Witz und Spaß. Umso erfreulicher war es, dass der Esel und sein Müllerbursche pünktlich zu den Händelfestspielen 2015 wieder auf ihrem Sockel standen. Trefft Euch doch mal an unserem „Versetzerdenkmal" und Ihr werdet sehen, dass sich fast jeder dadurch verfehlt. Falls das doch nicht der Fall sein sollte, geht Ihr anschließend auf den Alten Markt zum Eselsbrunnen.

Da es noch viel mehr Esel in Halle und auf der ganzen Welt gibt, habe ich mich mittels meiner Gereimtheiten und Ungereimtheiten auch mit solchen beschäftigt. Vielleicht kann nicht nur unser „Brunnen-Esel" sagen: „Ich bin ein alter Esel."

Der Eselsbrunnen 2015

Ingrid Ursula Stockmann

Eslein reck dich, Eslein streck dich,
wirf dein Schwänzchen in die Höh'!
An deinem Schweife will ich rasten,
und in dessen Strähnen fassen.
Und da sprach es unter Tränen,
aber Schatz, ich hab' doch keenen.
Darf ich dich um Mitleid bitten,
ein Dieb hat ihn mir abgeschnitten.
Und wieder ein ganz neuer,
das wird der Stadt zu teuer.

Der unsichtbare Schwanz

A. Margot Skorupa

Wie ihr wohl seht,
der Esel,
der auf Rosen geht,
ist nicht mehr ganz,
denn er hat keinen Schwanz.

Der freche Dieb
hatte den Esel gar nicht lieb,
sonst hätte er
den Schwanz nicht gestohlen.
Der Teufel soll ihn holen.

Er wird mit seiner Beute prahlen.
Wer soll denn
den Schaden bezahlen?
Willst du den fehlenden
Schwanz sehen?
Dann musst du zum Dieb gehen!

Wer weiß, wo der Dieb wohnt,
der wird reichlich belohnt.
Spenden müssen her,
sonst wedelt der Esel
mit dem Schwanz nimmermehr.

Der Hasesel

Ingrid U. Stockmann

Was ich heute sah:
Ein winziger Esel steht da,
anstelle des schwanzlosen alten,
ein Mix aus Tier-Gestalten,
halb Esel und halb Hase,
auf der alten Sockel-Oase!

Wie lange wird er da stehen,
welch' Dieb wird ihm widerstehen?
Wird man ihn wieder abwählen
und neu auf den Alten zählen,
der auf falschen Rosen geht,
während Hasesel auf echten steht?

Am Eselsbrunnen

Anni Margot Skorupa

Was ist bloß los am Eselsbrunnen?
Die Menschen gucken so versonnen.
Dauernd macht 'ne Kamera klick,
ich erhasche jeden Blick,
gebe ihn grinsend zurück.

„Ja, da staunt der Fachmann,
was ich alles kann,
ziehe die Passanten in meinen Bann.
Bin zwar nicht so schön,
aber ich darf hier als Vertretung steh'n."

Der „Macker"-Brunnen

Bernd Stockmann

Ein Esel ohne seinen „Schwanz",
so war's damals bekannt,
der wird als kastrierter Eselhengst,
folgerichtig Macker genannt.

Der Esel, der über Rosen schreitet,
ist nicht der Macker, ganz unverhohlen.
Sondern der kastrierte Esel,
ist der, der Esels Schwanz gestohlen.

Ich bin ein alter Esel

Ingrid Ursula Stockmann

Ich bin ein alter Esel,
gehöre nicht zu den Altmetallen,
mein Schwanz war schon sehr alt,
gestohlen oder doch abgefallen.

Ich bin ein alter Esel.

Wie viel bin ich denn wert,
in Euro, als alter Kupferschrott?
Vor dem freudigen Schrotthändler
bewahrte mich der liebe Gott.

Ich bin ein alter Esel.

Ich wurde also nicht zu Schrott.
Ich veranlasste auch nicht zu Spott.
Man liebt mich in Halle, zum Spaße,
bekam ich einen Stellvertreter,
der „Shrek"-Esel hat nun 'ne lange Nase.

Und seit dem letzten Händelfeste
bin in Halle wieder ich der Beste.
Die Hallenser wissen mich zu schätzen,
als ihren alten Esel!

Denkt mal

Ingrid Ursula Stockmann

Siehe, an der Nahtstelle, der Glanz,
der Schwanz ist neu und ganz!
Was war denn da passiert?
Wo war der Esel geblieben?
Und was wurde mit dem unechten „Shrek"?
War weg, oh Schreck, oh Schreck!
Der kesse, abgekupferte Esel!

Da müsst Ihr mal nach Halle,
in Halle wissen es alle,
oder fragt nach in Amerika,
viele wissen es da sogar.

Wer denkt an den kupfernen Müllerburschen?
Wie der sich wohl gefühlt haben muss?
Für ihn einen dicken Kuss!
Auch mit den armen Rosen
ging es in die Hosen.

Ihr lieben Leute, bis heut',
Touristen das Denkmal erfreut.
Esel und Bursche, denkt mal,
sind von der Einsamkeit befreit.

Ein Gag

Ingrid Ursula Stockmann

Oh Schreck, oh Schreck,
der „Shrek" war weg,
der erste Shrek,
der zweite Shrek,
das war ein Gag.

Der richtige Esel
ist wieder ganz,
hat seinen Schwanz.

Das prüfen die
Touristen,
wenn das die Esel
wüssten!

Ein Disput
über den fehlenden Schwanz
Anni Margot Skorupa

„Mami!
Ich will den fehlenden Schwanz
vom Esel sehen!"
„Aber Kind!
Was nicht vorhanden ist,
das kann man
doch nicht sehen!"

„Doch, ganze Tiere
werden unsichtbar,
gar zu Silvester,
frag meine Schwester.
Es gibt bei uns auch
unsichtbare Pferde
auf der schönen Erde.

Geh auf unsren Balkon,
dann merkst Du's schon,
in der Silvesternacht,
wenn's rumst und kracht!
Glaubst Du mir etwa nicht?
Es gibt darüber ein Gedicht."

„In welchem Buch[1]
hast Du denn das gelesen?"
„Ach, das Buch
gibt es noch nicht,
denn das ist unsichtbar,
so wie der Schwanz vom Esel!"

---

[1] Meine unsichtbaren Pferde, Manuskript, Ingrid Ursula Stockmann

Die unsichtbaren Pferde[2]

Ingrid Ursula Stockmann

Ein Mädchen kam
zu einem Pferde
auf unsrer schönen Erde.
Sie hatten ein Geheimnis,
das Pferdchen sah man nicht.

Es kam aus einer Herde;
auch die war unsichtbar.
So trainierte das Kind,
wie ohne Pferd im Wind,
dabei sah's so aus,
als ob es spinnt.

Vater rief die Oma an,
und er fragte sie,
ob sie kommen kann,
seine Tochter sei lieb -
aber sie sähe Dinge,
die es nicht gibt.

Oma ließ sich
nicht lange bitten
und hatte mit dem Kind
gestritten,
denn es war wieder
„geritten".

---

[2] Zusammenfassung aus dem gleichnamigen Buch

Oma, es ist wahr,
mein Pferd ist unsichtbar.
Nur in der Silvesternacht,
wenn es blitzt und kracht,
wird es geschehen,
und Du kannst es sehen.
Tritt dazu heraus
auf den Balkon,
dann merkst Du es schon.

Und es wurde Silvester.
Oma war bei dem Mädchen
und seiner Schwester.
Wisst Ihr, was geschah,
in der Silvesternacht?
Es hatte sehr laut gekracht,
und Oma konnte seh'n -
das Pferdchen bei der Herde steh'n.

Ein Gespräch mit ihrem
ängstlichen Sohn,
Ihr ahnt es schon,
war ihr missglückt.
Nun hielt er beide
für verrückt.

Zum Händel-Fest wieder da

Ingrid Ursula Stockmann

Pünktlich zum Händel-Feste,
und das war das Beste,
waren sie wieder da,
Esel und Müllerbursche,
hurra, hurra!
Händel setzte den Termin.
Ich geh' gerne zu ihm hin.

Apropos Händels Denkmal:
Ihr wisst es ja,
ist ein „Versetzerdenkmal",
trefft Euch mal da!

Apropos Händel:
Der Meister kann nämlich
für Missverständnisse steh'n,
wenn Bayern nach Halle geh'n.

Wenn sie Hendl essen
und satt werden wollen,
denken die „Ollen"
aus Halle an Händel;
man kann es vergessen,
sie kapieren es nicht.
Hendl ist ein „Leibgericht"!

Als dem Esel fehlte
der ganze Schwanz,
lief ich zu Händel,
aber der war ganz.

Hallenser ehren
ihre Denkmäler und Brunnen,
denn sie sind alle
gut gelungen.

Und die Hallenser
weiterhin Fotos machen,
weil aus Halle alle
gerne herzlich lachen.

Ein Esel ist

Ingrid Ursula Stockmann

Ein Esel ist,
wer den „hallschen" Händel
mit dem bayerischen Hendl
verwechselt.

Es war besser, als wir noch Hähnchen sagten!
Ich heiße auch so wie der Meister!
Gold-Broiler
Das Grill-Hendl
Knusper Lecker

Esel-Jargong uff Hallsch

Ingrid U. Stockmann

Ee Esel hadd was
uff dr hoogn Gande,
so ville, wie de
Nieselbrime nich hamm.

Wie iss däs meechlich?
Gönn Esel gnabsen
wie geen annerer?

Nee, de Knäde hadder,
weiler sich
mit Jold beflasdert.

Awwer dr Esel iss
geen Jrossgotz.
Dadrfoor isser een
Glabsgobb.

Sehtersch,
däs iss Esel-Jargong.

Die Eselsbrücke

Ingrid Ursula Stockmann

Ein Wüter ist ein Wüterich,
ein Esel ist ein „Eserich“,
wenn er denkt, du liebst ihn nicht.
Eine Eselin ist „eselich“,
weil sie denkt, du liebst sie nicht.
Über Eselsbrücken musst du geh'n,
um die Esel zu versteh'n!

Ein Kaffeeesel

Ingrid Ursula Stockmann

Ein Kaffeeesel um sich greift,
ein Kaffeeesel durch Halle streift,
dieser Esel ist nicht ganz ganz,
diesem Esel fehlt der Schwanz.

Ein Kaffeeesel keinen Kaffee säuft,
ein Kaffeeesel auch nicht läuft,
er wirft auch nicht mit „Äppeln“,
will er uns denn „veräppeln“?

Dieser Esel fährt auf Rädern,
und die Räder haben Speichen,
durch Halle-Stadt fährt dergleichen,
ihn kennt bei uns fast jeder.

Dieser Esel ist nicht krank,
er schleppt einen Kaffeetank.
Des Ausflüglers Lieblingstrank
schenkt er aus, hab Dank.

Hätte man's Drahtesel-Café
statt Kaffeeesel genannt,
hätten wir das gleich erkannt,
drum wird das Eselchen umbenannt.

C - A - F - É,
ich will keinen Eselskaffee.
Statt Eselskaffee, oh je, oh je,
trinke ich doch lieber Tee.

Der Drahtesel bloß ein Fahrrad ist,
und das macht keinen Eselsmist,
schön, dass Du mir den Kaffee gibst,
aber bitte ohne Eselsmilch.

Das Nashorn und der Esel

Ingrid Ursula Stockmann

Das Nashorn und der Esel,
die hatten einen Zwist,
wer wohl am besten kämpfe,
wenn die Welt nicht gefällt,
wie sie ist.

Das Nashorn sagt zum Esel,
das kannst du leider nicht,
dein Ruf, der klingt so blöde,
auf dich hört kein Gericht,
die Welt ist wie sie ist.

Der Esel sagt zum Nashorn,
das hast du nun davon,
du kannst den Marsch nicht blasen,
und hast du auch ein Horn.
Natur ist wie sie ist.

Das Nashorn und der Esel,
die hatten einen Zwist,
sie wollten nicht mehr kämpfen,
weil man sein will,
wie man ist.

Normal?

Ingrid Ursula Stockmann

Es gibt Esel,
die sich immerfort
anmaßen
zu sagen,
was unnormal ist.
Das ist doch nicht
normal!

Die Esel-Metapher

Ingrid Ursula Stockmann

Störrisch, stur,
eine Wahrnehmung
zum Fürchten!

Das kann nur,
Entschuldigung,
ein Esel sein.

Lasten tragend,
nie verzagend,
Ohren steif!

Das kann nur sein,
ich hab' es gleich,
ein Esel ohne Schweif.

Wer ihn nicht liebt,
der ist klein
und kann nur

ein Esel sein!

Und ein Esel
ohne Schweif
kommt einem

Zweibeiner gleich.

Esel-Mann und Esel-Frau

Ingrid Ursula Stockmann

Man kann viel über Esel sagen:
Sie unterwerfen sich an solchen Tagen,
wo sie fremde Lasten tragen.
Was soll man ihnen da sagen?

Esel kann man nicht ertragen,
werden sie störrisch und fragen,
was ein Andrer mit ihnen macht,
der dabei noch witzelnd lacht.

Ein Esel ist eine Kanaille,
schuftet und störrisch ist er auch;
das sind eben Vorder- und Rückseite
einer erstaunlichen Esel-Medaille.

Da sind zwei Seelen in der Eselsbrust.
Und Esel zu verstehen hat nur Lust,
wer selbst auch Sturheit in sich trägt.

Nur einer, der weiß, oh Mann,
dass der Esel sich vieles denken kann
und nicht grundlos mit den Hufen ausschlägt.

Und wer etwas davon versteht,
der weiß es besser und genau,
dass der Esel oft mit dem Esel geht.
Sie heißen Esel-Mann und Esel-Frau.

Ich verstehe nichts

Ingrid Ursula Stockmann

Was ist denn das für ein Gedicht?
Das verstehe ich gar nicht.

Durchaus sehr angenehm,
denn nur ein Esel kann's versteh'n.

Der Alte

Ingrid Ursula Stockmann

Du willst ein alter Mann sein?
Und denkst auch noch, das kann sein?
Nein, Du erwartest Widerspruch!
Das sagst Du doch bloß so!

Nanu, naja, no, no.

Wenn Du ein alter Mann bist,
bin ich ein alter Esel!
Du bist genau wie ein Magnet.
Ein Magnet wird niemals alt,
wegen seiner Anziehungskraft halt.
Und die nutzt sich nicht ab!

Nanu, naja, jo, jo.

Sei's denn, dass er sich umdreht,
der Magnet, und einfach weitergeht.
Der ganze Magnetismus wär' im Eimer.
Drum geh doch lieber nicht weiter!
Das wär' so viel gescheiter.
Nun hast Du Deinen Widerspruch!

Na nun, na ja, genug.

Im Buch

Ingrid Ursula Stockmann

Im Buch da ist
ein Eselsohr,
nun stellt Euch mal
die Dummheit vor.

Wer den Esel

Ingrid Ursula Stockmann

Wer den Esel nicht ehrt,
ist den Dukaten nicht wert.

Solch ein Dreck

Ingrid Ursula Stockmann

Wer selbst hat
Dreck am Stecken,
verbreitet
Angst und Schrecken.
Doch wen kümmert
der Dreck vom Esel,
draus macht man
kein Gewese(l).

Schwerhöriger Goldesel

Martin Stockmann

Esel, bück Dich,
Esel, beglück mich!

Doch weil er es nicht verstand,
machte er ihm auf die Hand.

Die Erklärung

Ingrid Ursula Stockmann

Aus seinem Hintern Gold,
das hat er gewollt!

Eseldreck

Ingrid Ursula Stockmann

Eslein Dich reck,
Eslein Dich streck,
aber wirf keinen Dreck.

Bitte, Du Wilder,
wirf Gold und Silber.
Eslein, reck, reck!

Eslein, streck, streck!
aber wirf keinen Dreck.
Das hab' ich nicht gewollt,
ich dachte, Du wirfst Gold!

Unvergleichlich

Ingrid Ursula Stockmann

Eselchen sagte:
„Ein Schaf
ist ein Pulloverschwein.“
Was soll dann
ein Esel sein?

Der Esel steckt
im Schafpelz nicht,
der steht dem Wolf
gut zu Gesicht.

Ein Esel ist klein,
das Pferd ist groß,
ach, sag bloß!
Ein Esel
ist unvergleichlich,
weil er störrisch ist.

Hand drücken

Ingrid Ursula Stockmann

Ein Esel sagte:
Wegen der Warze
auf Deinem Handrücken
will ich Dir nicht
die Hand drücken,
sondern Dir ein Messer
in die Hand drücken.

Ein Esel sagte

Ingrid Ursula Stockmann

Ein Esel sagte voller Frust:
„Dass Du immer schnarchen musst."
Das war kein Schnarchen,
das war Wollust.

Der Esel gab mir einen Kuss.
Dass Du immer küssen musst.
Das war kein Kuss.
Das war Spucke mit Lust.

20.07.2015

Eselreise

Ingrid Ursula Stockmann

Auf dem Esel sitzt der Leisereiter,
er ist der Esel Reiseleiter.

1a-Esel

Ingrid Ursula Stockmann,

Der Esel denkt, er ist „1a",
allein das „A" kann er schon sagen.
Doch statt „1" schreit er immer „I".
So oft er's tut, er lernt es nie.

IA
IA
ICH
IA-REISE-
LEITER
LEISE (!)
REITER
IA soll
IA
heißen,
Hilfe!

Abgelaufen

Ingrid Ursula Stockmann

Vor dem Haus
lagen abgelaufene Schuhe,
alt sahen sie aus,
aber Markenschuhe.

Dafür hab' ich Esel
mir die Hacken abgelaufen.
Wollte mich nun stärken.
Die Wurst war abgelaufen.

20.07.2015

Guten Appetit

Ingrid Ursula Stockmann

Ach, wie ist
das Würstchen arm,
man nennt es
Filet im Darm,
und Reiseleiter Hänschen
nennt es
Filet im Därmchen,
wie ärmchen.

Sorgen

Ingrid Ursula Stockmann

Ein Esel sagte:
Dich möcht' ich gern erfassen,
Du mich natürlich auch.
Es ist wie ein Versteckspiel
zwischen Katz' und Maus.
Katz und Maus sind Burgen.
Hatten die auch solche Sorgen?

Ein Esel wollte...

Ingrid Ursula Stockmann

Ein Esel möchte Hochzeit machen.
Er macht es nicht, wenn alle lachen.
Drum packt er seine sieben Sachen.
So kann sein I-A er nicht geben
und muss als Single weiterleben.

Die Esel-Anekdote

Ingrid Ursula Stockmann

Ein Esel
begab sich
am 11.11.,
11.00 Uhr,
auf eine Leiter
mit 11 Sprossen.
Weil er vorher
11 Biere trank,
brach er sich
beim Klettern
die Flossen.

Hätte er
11 Kaffee
davor gesoffen,
hätt's ihn nicht
getroffen.
Weil er runterfiel
von oben
lag er 11.11 Uhr
am Boden.

11 Esel
trugen ihn
ins Krankenhaus.
Dort nüchterte
der Esel aus.
Doch in Zimmer 11
gab's kein Klosett,
drum schiffte er
ins Bett.

11 Pfleger
packten ihn am Kragen,
um zum Fenster
ihn zu tragen.
Weil er runterfiel
von oben,
lag er nachts
um 11.00 am Boden.
Da schrie ein Pfleger
von ganz oben:
„So entsteh'n die Anekdoten."

Die Eselsmühle

Ingrid Ursula Stockmann

Der Esel musste schleppen,
immer zur Mühle hin,
stets beladen mit Säcken,
was war denn da drin?

Auch andre Esel
arbeiteten hart,
in einer Tretmühle,
nicht apart.

Fühlten sich wie'n Hamster
in einem Laufrad,
wo es nie ein Ende hat.
Aber das ist Vergangenheit.

Heute sind alle Esel
nur noch gescheit,
werden immer gescheiter!
Wer lacht da heiter?

Auf der ganzen Welt
sind die Esel erhellt!

Da lachen ja die Esel!

Dumme Esel

Ingrid Ursula Stockmann

„Lirum larum Löffelstiel“
dumme Esel fressen viel.

Gib einem Esel Flügel
und er wird nicht
zum Pegasus,
weil man dazu
ein Ross sein muss.

Was wird aus einem Esel,
wenn er keinen Bock hat?

Der bessere Esel ist der,
der bei einem Rennen gewinnt,
ohne dass ihm der Sack
herunterfällt,
mit seinem ganzen
Geld.

Warum ich so wenig habe?
Gold und Silber
sind für Esel zu schade.

Esel dürfen nicht wählen,
weil sie zu störrisch sind.

Wenn Dir jemand
sein Ohr leihen soll,
frag einen Esel.
Der leiht Dir
sein Eselsohr!

Von einem Esel
kann man keinen
Pullover stricken.
Damit kann uns nur
ein Schaf beglücken.

Ist das nicht wunderbar,
Eine Kuh mit Eselhaar?

Manche bekommen
von dem Vieh
eine Eselhaar-
Allergie.

Aus einem Esel
kann man kein
Pferd machen,
aber aus einer Mücke
einen Elefanten.

Esels Mist

Ingrid Ursula Stockmann

Esels Mist
ist Naturdünger
aus Eselmist,
aber was ein
mistiger Esel ist,
das weiß ich nicht.

Was ein Esel
verspricht,
ist Mist.

Ein Mistvieh
muss nicht unbedingt
ein Esel sein.

Eselmist ist
gut für Rosen,
drum macht
der Esel nicht
in die Hosen,
sondern auf
den Boden.

Nicht ganz spruchreife Esel

Ingrid Ursula Stockmann

Alte Esel schreien gut.

Esels Wut, tut nicht gut.
Aber besser kalte Wut
als kaltes Blut.

Besser arm
als vom Esel
gezeichnet.

Unerhört,
wer auf den Esel hört,
dem wachsen
Eselsohren.

Ist das angemessen,
eine Eselsbrücke
gegen das Vergessen?

Besser mit einem Esel
kuscheln,
als vom Hund gebissen
werden.
Denn den Letzten
beißen die Hunde
auf dieser Erden.

Besser einen Esel
im Schlafsack
als den Wolf
im Schafpelz.

Besser nackt unter Eseln
als „nackt unter Wölfen“.

Ein Esel, der
Goethe nicht kennt,
liegt nicht im
Trend.

Schweinehunde können nicht
den inneren Esel überwinden.

Wo ein Esel frisst,
kann kein anderer sein.

Kein Jungbrunnen
wurde jemals
so viel besungen,
wie unser
Eselsbrunnen.

Ein Esel
und ein Schwein
bleiben selten
allein.

Reife Eselsprüche

Ingrid Ursula Stockmann

Der Esel,
der einen Maulkorb
braucht,
ist eigentlich
ein Hund.

Ein Esel
und ein Nashorn
können nicht
in (s)ein Horn
blasen.

Ich sage „A",
der Esel sagt „I",
das nennt sich
Konfrontationstherapie.

Gib einem Esel
ein Amt
und siehe da,
er wird zum Stier.

Esel geben sich
bei der Hochzeit
ihr „I-A-Wort".

Ein Esel wollte
Hochzeit machen,
auf der grünen Wiese,
mit der Esellise.
Nun hat er diese.

Warum fressen
viele Esel
keinen Brei?
Viele Esel
verderben
den Brei.

Es ist ein schwieriger Ritt,
eh ein Esel kommt in Tritt.

Ein Esel kommt nicht gleich mit,
nur wenn man ihn dauernd bitt'.

Ein Esel
hat mir gesagt,
dass er mich
nicht liebt.
Nicht so schlimm,
ich werde
heute Abend weinen.
Ein Esel ist,
der vergisst,
was Liebe ist.

Weitere Eseleien

Ingrid Ursula Stockmann

In Halle an der Saale,
da werden die Esel
nicht alle.
In Magdeburg an der Elbe
ist genau
dasselbe.

Alle, die zwei
Buchstaben haben,
müssen immer
das Gleiche sagen,
an guten und
an schlechten Tagen.
Ja, die Buchstaben
heißen „I" und „A".

Wer seinen Esel liebt,
der schiebt.

Wenn der Esel
sein „I" verschluckt,
sagt er nur „A".
Das war noch nie da.
Wenn er sein
„A" verschluckt,
schreit er nur „I";
das gab's auch
noch nie.
Entweder schluckte er,
oder er schrie.

Der Mensch ist klug,
der Esel ist dumm,
doch manchmal ist es
andersrum.

Ein alter Esel
ist kein D-Zug.

Esel können nicht fliegen.
Aber Fliegen können auf Esel.
Ich fliege auf keinen Esel.

Es kreuzte sich ein Esel
mit einem Hasen
zum Hasesel.

Ein Eselfant entstand,
weil der Elefant
einen Esel fand,
auf den er stand.

Ein Esel
und ein Glas Milch
vereinigten sich
zur Eselsmilch.

Gesund

Ingrid Ursula Stockmann

Besser krummer Buckel
als krummer Esel -
oder heißt es
krummer Hund?
Wie gesund!

Entschuldigung

Ingrid Ursula Stockmann

Entschuldigung,
ich bin doch nicht
mehr jung!
Wie soll das
weitergehen?

Einfach so
zum Alter stehen!
Die Alten
sind Gestalten
mit Falten,
weil sie schon
so viel dachten
und Fehler machten.

Entschuldigung,
ich bin doch nicht
mehr jung.
Ich bin ein
alter Esel.

Esel sind zwar stur,
aber ändern
manchmal die Spur,
haben plötzlich
Spürsinn.

Und die Eselin
zieht's zum Esel hin.
Und sie werden
wieder jung.
Entschuldigung!

Warum?

Ingrid Ursula Stockmann

Der Esel ist dumm,
die Banane ist krumm,
warum?

19.11.2015

In Rage

Ingrid Ursula Stockmann

Eslein steh,
Eslein geh!
Schreib Dich nicht in Rage,
sonst kommt die Blamage.

Eselmist

Ingrid Ursula Stockmann

Obszön ist schön,
wer vernünftig schreibt,
arm bleibt;
wer zu viel denkt,
Gewinn verschenkt.

Wer anständig ist,
der vergisst,
was reißerisch ist.
Also schreibt Mist,
am besten
Eselmist!

Edeltafelspitz ist nicht edel

Eselstafelspitz ist kein Edeltafelspitz.
Eselstafelspitz wäre nicht schmackhaft,
sondern eine Qual.
Die Tafelspitzscheiben aus
des Esels störrischem Schwanzstück
wären unnormal.
Da hülfen nicht mal eine
sahnige Meerrettichsauce
und auch kein Bohnensalat.
Doch wenn der Schwanz aus Bronze ist,
dann wird das schon mal gar nix.
Darauf ein Prost mit Eselsmilch!

Verdrehte Eselsprüche

Ingrid Ursula Stockmann

Ich glaube,
mein Esel pfeift
und mein Hamster
bohnert.

Esel haben
immer recht,
es sind
rechtmäßige Esel.

Ich hatte einen Esel,
der kotzte Ungeheuer.
Das war ihm
durch das große „U"
passiert.
Du darfst jetzt
mit dem kleinen „u"
ungeheuer lachen.

Dich hat wohl der Esel
beim Weitsprung verloren?

Der klügere Esel gibt nach.

Der Eselkarren
ist ein
Sandspielzeug
für Esel.

Wer den Esel nicht ehrt,
ist das Pferd nicht wert.

Der Kuckuck und der Esel
sangen nicht,
denn sie schwänzten
den Musikunterricht.

Esel haben kurze Beine,
drum sind sie so kleine.

Wenn ich kein Eslein wär',
hätt' ich mehr Ehr'.

Wer hat den größeren Wert,
ein Esel aus Holz oder Kupfer?
Fragt den Schrotthändler.

Mit einem Esel
gehst Du baden;
der „kann nicht
mal Fladen".
Er macht nur
Eseläpfel, aber
die kann man
wegfegen,
während Fladen
fest am Boden
kleben.

Eslein, ei verflucht,
nun ist's aber genug!

Schluss!
Dicker Eselkuss!

Logik

Gibt es dumme Tiere?
Warum ist der Esel dumm?
Der Goldesel verschenkt Gold!
Warum ist man dumm wie ein Schwein?
Das Schwein auf dem Teller lässt sich fressen.
Warum ist die Sau denn dumm?
Die Sau lässt sich ihre Ferkel wegnehmen.
Und die dumme Kuh?
Die Kuh lässt sich ihr Kälbchen klau'n.

Was sagt ihr denn dazu?
Der Homo sapiens ist dumm.
Er ist der dümmste Esel.
So dumm kann doch kein Schwein sein
und auch keine Sau,
schon gar keine Kuh.
Der Mensch ist also ein Esel?
Natürlich nur durch Geldgier,
da wird der Mensch zum „Tier".

Halle-Esel - alle Esel

In Halle werden die Esel nicht alle.
Ja habt ihr denn noch alle?
In Tangermünde an der Elbe ist genau
dasselbe.
Aber in Bitterfeld werden sie hergestellt.

Mensch Esel!

Der Esel ist auch nur ein Mensch.
Fehlt ihm der Schweif, ist er arm.
Fehlt ihm das Geld, ist er dumm.
Macht er nicht mit, ist er störrisch.
Mit armen, störrischen Dummen
kann man keinen Staat machen.
Begreift denn das kein Esel?

Armer Mensch

Als wir 2015 über den Eselsbrunnen witzelten,
ahnten wir nichts davon, dass sich der Esel
auf Rosen von der beliebten Brunnenplastik
eines Tages im Jahre 2023
etwas sehr Trauriges mit ansehen musste
und leider nicht um Hilfe rufen konnte.
Am Brunnen standen dann Kerzen und Vasen
für einen tot aufgefundenen unbekannten Mann.

Schluss!

Es geht weiter,
immer heiter,
Redaktionsschluss
wär gescheiter.
Manche Esel
hör'n nicht auf
zu schreien
und manche Dichter
hör'n nicht auf
zu schreiben.
Drum lass ich es
jetzt bleiben.
Nun Schluss!
Es muss!

Nachwort

Nachwort kurz und schmerzlos:

Ein Esel ist nicht herzlos.

Und störrisch ist,

Wer vergisst,

Was Liebe ist.

Klappentext für „Esel"
und Eselliebhaber 2015

Mit diesem Büchlein
klappt es,
die Menschen zu erfreu'n.
Wenn Ihr es zuklappt,
habt Ihr Spaß gehabt.

Klappe zu

Wie aus dem „Esel, der auf Rosen geht" ein Pferd wurde

Am „Pferdebrunnen" zu Halle praktizierte ein Puppendoktor. Aber warum heißt der Brunnen nicht Eselsbrunnen? Der Doktor wollte nicht mit einem Esel in Zusammenhang gebracht werden.
„Da gibt es so eine Legende", schwindelte er. „Ein Reiter kam von weit her. Er hatte sich in der Stadt verirrt. Sein Pferd und er brauchten dringend Wasser. Als sie endlich an dem Brunnen ankamen, fiel das Pferd tot zu Boden. Der Reiter aber trank den Brunnen leer.
Als der arme Mann seinem Oheim, Prinz Albrecht der 14., vom Tod seines Pferdes erzählte, ließ dieser eine bronzenes Pferd anfertigen. Er wies an, die Skulptur auf einen Sockel und mit diesem in den Brunnen zu stellen. Der dankbare Reiter legte immer frische rote Rosen auf den Sockel. Deshalb sieht das Pferd so aus, als ob es lacht. Und man könnte meinen, dass es wie ein Esel aussieht." April, April!
Natürlich greift die wirkliche Brunnenplastik am Alten Markt eine ganz andere in Halle populäre Sage auf.
Ein Müllerbursche und sein Esel schritten über Rosen, die für den zu erwartenden Kaiser Otto I. gestreut worden waren. Der Kaiser selbst hätte wegen Saalehochwassers eine andere Route gewählt.

Zeittafel[3]

- 1913 Einweihung der beliebten Brunnenfigur, Plastik aus Bronze (Legierung mit Kupfer) von dem Halleschen Bildhauer Heinrich Keiling

<u>Vorkommnisse 2015:</u>

- 26.01. Meldung über den verschwundenen Schwanz
- 14.04. Nachts wurde offenbar versucht die Figurengruppe zu entwenden
- 14.04. Am Tage Abtransport dieser in die Werkstatt des Bildhauers Markus Traub, wo der Esel seinen Schwanz zurückerhielt
- 19.04. Der leere Sockel wurde mit einem kleineren Esel ohne Müllerbursche verziert, welcher dem aus der Shrek-Reihe ähnelte
- 07.05. Nachts verschwand diese Ersatzskulptur, worauf die Urheber des 1. „Shrek-Esels" einen zweiten installierten
- 16.05. Der zweite Ersatzesel wurde gestohlen
- 27.05. Zum Knoblauchmittwoch konnte der 3. Ersatzesel bestaunt werden, der statt auf den üblichen Rosen auf Knoblauchzehen stehen durfte
- 29.05. Zur Eröffnung der Händel-Festspiele war die sanierte Figurengruppe wieder auf ihrem Platz,
- wie versprochen
- 06.06. Der Stadtbibliothek Halle wurde der 3. Ersatzesel anvertraut

---

[3] https://de.wikipedia.org/wiki/Eselsbrunnen_(Halle)

Inhaltsverzeichnis

Autoren-Steckbrief

Dr. med. Ingrid Ursula Stockmann, geb. Skorupa, Jahrgang 1954, wohnt in Landsberg, arbeitete als Fachärztin für Neurologie und Psychiatrie/Psychotherapie mit Schwerpunkt tiefenpsychologisch fundierte Psychotherapie in freier Niederlassung in Halle (Saale) bis 2020.

Als sie noch der kleine „Sputnik" war, behauptete ihr Patenonkel, Ingrid hätte eine scharfe Zunge. Im Alter von 18 Jahren meinte ihr geschätzter Deutschlehrer der EOS (heute Thomas-Müntzer-Gymnasium), er fände es sehr schade, dass sie Medizin und nicht Literatur studieren wolle.

Es ist ja bekannt, worauf es in der 1. Lebenshälfte vor allem ankommt, nämlich auf den Aufbau der sog. Persona: Partnerschaft, Kinder, Beruf. Aber eines Tages erinnerte sie sich: „Da war doch noch etwas."
Als sie hörte, dass ihre Cousine Anke Voigt ihr 1. Buch schrieb, gab es für Ingrid Ursula Stockmann kein Halten mehr. Ihr 1. Buch „Wenn Verwandte über das Leben und die Liebe s(p)innen" wurde im Dezember 2011 veröffentlicht.

Weitere Veröffentlichungen
der schreibenden Familie

Ingrid Ursula Stockmann (Hrsg.)
Wenn Verwandte über das Leben und die Liebe s(p)innen
- Das Buch zur Lesung -
Books on Demand, Norderstedt, 2011

Ingrid Ursula Stockmann &
Margit S. Schiwarth-Lochau
Das kleine Schimpfwörterbuch für Autofahrer
mit 111 wüsten Beschimpfungen und allerlei Beiwerk
Stockwärter Verlag, Halle, 2021

Ingrid Ursula Stockmann, Margit S. Schiwarth-Lochau,
Bernd Stockmann
Das vielseitige Schimpfwörterbuch für Nachbarn
Begegnungen und Missetaten zwischen Nachbarn
Stockwärter Verlag, Halle, 2022

Ingrid Ursula Stockmann
Ein Kreislauf der Natur
- Für Jung und Alt -
Stockwärter Verlag, Halle, 2022

Ingrid Ursula Stockmann
Ein Pechvogel Namens Bruno
- Für Jung und Alt -
Stockwärter Verlag, Halle, 2021

Ingrid Ursula Stockmann
... auf die Pauke ihr Affen
- Für Jung und Alt -
Stockwärter Verlag, Halle, 2021

Ingrid Ursula Stockmann
Bittersüß pulsiert das Leben
- Für Jung und Alt -
Books on Demand, Norderstedt, 2014

Ingrid Ursula Stockmann
Im Fischerhaus am Berg
- Für Jung und Alt -
Stockwärter Verlag, Halle, 2021

Ingrid Ursula Stockmann &
Anni Margot Skorupa
Auf Nilpferde hört man nicht
- Gedichte-Duell zwischen Tochter und Mutter -
Books on Demand, Norderstedt, 2015

Margit S. Schiwarth-Lochau
Toms Wandlung
- Schule ist cool -
Stockwärter Verlag, Halle, 2014

Margit S. Schiwarth-Lochau
Susi Tigerherz
- Schule ist cool -
Stockwärter Verlag, 2016

Margit S. Schiwarth-Lochau
Sofie die Schreckliche
- Schule ist cool -
Stockwärter Verlag, Halle, 2017

Margit S. Schiwarth-Lochau
Paul der Tollpatsch
- Schule ist cool -
Stockwärter Verlag, Halle, 2020

Margit S. Schiwarth-Lochau
Pierre der Quatschkopp
- Schule ist cool -
Stockwärter Verlag, Halle, 2020

Margit S. Schiwarth-Lochau
Maria die Klassenbeste
- Schule ist cool -
Stockwärter Verlag, Halle, 2021

Margit S. Schiwarth-Lochau
Schule ist cool und manchmal doof
Sammelband
Stockwärter Verlag, Halle, 2021

Margit S. Schiwarth-Lochau
Herausforderung schulische Inklusion
zwischen Anspruch und Realität
Stockwärter Verlag, Halle, 2023

Margit S. Schiwarth-Lochau
Die Klimperlinge
Geschichten vom Geld
Stockwärter Verlag, Halle, 2022

Margit S. Schiwarth-Lochau
Bella Isabella
Im Schatten der Kindheit
Stockwärter Verlag, Halle, 2021

Martin Stockmann
Zwei Püppchen zum Glück
- Für Jung und Alt -
Stockwärter Verlag, Halle, 2021

Ingrid Ursula Stockmann
Prinzessin Achtpünktchen
Eine ganz besondere Käferliebe
Stockwärter Verlag, Halle, 2022

Ingrid Ursula Stockmann
Prinz Angstfrosch
und die letzten Froschkönige
Stockwärter Verlag, Halle, 2022

Ingrid Ursula Stockmann
Die verzauberte Schneiderpuppe
Ein Weihnachtstraum
Stockwärter Verlag, Halle, 2022

Ingrid Ursula Stockmann
Puppe Elke Doll
Ein Pechvogel bringt Glück
Stockwärter Verlag, Halle, 2020

Ingrid Ursula Stockmann
Vorsicht Zooschreck
Affenstarke, löwengeile Reime & Co.
Books on Demand, Norderstedt, 2016

Ingrid Ursula Stockmann
Die gerüsselten Helden vom Zauberzooberg
Tamana & Hajo
Stockwärter Verlag, Halle, 2022

Anni Margot Skorupa & Ingrid Ursula Stockmann
Annis gestohlenes Kindheitsglück
Kinder! Seid ihr auch alle Kinderchen?
Stockwärter Verlag, Halle, 2021

Ingrid Ursula Stockmann & Bernd Stockmann
Rettermaxe in Oppidum
Stockwärter Verlag, Halle, 2021

Ingrid Ursula Stockmann
Opas unglaubliche Verwandlung
Zwei verschiedene Phantasie-Geschichten zu ein und
derselben Bildergeschichte von Anni Margot Skorupa
Stockwärter Verlag, Halle, 2022

Ingrid Ursula Stockmann
Ria und die unsichtbaren Pferde
- Für Jung und Alt -
Stockwärter Verlag, Halle, 2021

Ingrid Ursula Stockmann
Ein Hut geht auf die Reise
- Für Jung und Alt -
Stockwärter Verlag, Halle, 2021

Bernd Stockmann
Siegfried & Sebastian
Zwei Spatzen pfeifen von den Dächern
Stockwärter Verlag, Halle, 2020

Martin Stockmann
Der große Bär und der kleine Hase
Zwei Freunde die mit dem Herzen wieder zueinander finden
Stockwärter Verlag, Halle, 2019